LIVRO GERAL

A marca FSC® é a garantia de que a madeira utilizada na fabricação do papel deste livro provém de florestas que foram gerenciadas de maneira ambientalmente correta, socialmente justa e economicamente viável, além de outras fontes de origem controlada.

ALEXANDRE BARBOSA DE SOUZA

Livro geral

COMPANHIA DAS LETRAS

Copyright © 2013 by Alexandre Barbosa de Souza

Grafia atualizada segundo o Acordo Ortográfico da Língua Portuguesa de 1990, que entrou em vigor no Brasil em 2009.

Capa
Kiko Farkas/ Máquina Estúdio

Preparação
Jacob Lebensztayn

Revisão
Renata Lopes Del Nero
Adriana Cristina Bairrada

Dados Internacionais de Catalogação na Publicação (CIP)
(Câmara Brasileira do Livro, SP, Brasil)

Souza, Alexandre Barbosa de
   Livro geral / Alexandre Barbosa de Souza. — 1ª ed. — São Paulo : Companhia das Letras, 2013.

ISBN 978-85-359-2231-8

1. Poesia brasileira I. Título.

13-00865   CDD-869.91

    Índice para catálogo sistemático:
    1. Poesia : Literatura brasileira 869.91

[2013]
Todos os direitos desta edição reservados à
EDITORA SCHWARCZ S.A.
Rua Bandeira Paulista, 702, cj. 32
04532-002 — São Paulo — SP
Telefone: (11) 3707-3500
Fax: (11) 3707-3501
www.companhiadasletras.com.br
www.blogdacompanhia.com.br

Para a Rita e o Max Blas

Sumário

LIVRO DE POEMAS [1992]

Como a flor se separa dos galhos, 13
Como uma virgem, a casa se abre, 14
A sombra no espelho, 15
Poema das Três Marias, 16
Revoada de pombas escuras, 17
Bem-te-vi, bem-te-vi, 18
Cão preso, 19
Dois gatos pretos, 20
Os dois gatos pretos, 21
Falta um dia, 22
Longe, longo alto de nuvens, 23
A Ti, lua minguante, 24
Jogral, 26
Uma porta range entreaberta, 27
Último poema, 28

AZUL ESCURO [1993-2003]

Será entre nós, 31
Sonâmbula, 32
Quando te deixei, 33
Canção de maio, 34
Fuga, 35
Tranquilidade, 36

Penoso é por vezes, 37
Me assusta, 38
Muitas desculpas, eram tuas mãos, 39
Vestígio, 40
Alarido dos cães, 41
Ipês a fio, 42
Lírios, 43
Solidão, 44
Duas quadras populares, 45
A borboleta, 46
O claro e úmido, 47
Quadro, 48
Azaleias, 49
Cena do campo, 50
O pássaro chinês, 51
Poema para tranquilizar uma menina, 52
Orvalho deste mundo, 53
Solau, 54
Dentro daquela alta casa, 55
Desejei a sombra de um navio, 56
Contra a perda do amor, 57
Canção terrível, 58
À noite sobre os telhados, 59
Alheios à gravura, 60
À margem, 61
Há o trancado por dentro, 62
Outro dia sonhei com uma caixa, 63
Lendo Supervielle, 64
Sineta noturna, 65
Amanhã saberei a doce umidade da fruta, 66
Em uma exposição de fotos de Sit Kong Sang, 67

VIAGEM A CUBA [1999]

Recolher folhas de eucalipto, 71
Ricardo, 75
Orlando, 77
Defensa, 78
Caridad vive em Viñales, 80
Há uma pureza que se perde, 82

XXX [2003]

No sótão da Catarina, 85
O homem de bigode vermelho, 86
Zeeburgerdijk, 87
Passei por nosso ponto de encontro, 88
Na cozinha tilintam, 89
Na cozinha um raio de sol, 90
Egmond aan Zee, 91
Diário, 92
Montanhas no mar, 93
Um pato no pneu, 94
Quo Vadis, 95

11 + 1 POEMAS [2013]

Mundo, 99
Clínicas, 100
Minha lâmpada maruja, 101
Prestes Maia 1945, 102
Uma única vitória, 103
Capital da dor, 104
Raio a raio, 105

Quis dormir profundamente, 106
A noite entre paredes brancas, 107
Afrouxei as cordas do meu violão, 108
Meu ouvido andou tão abalado, 109
o quanto mais que muito me contenta, 110

LIVRO DE POEMAS
[1992]

Como a flor se separa dos galhos,
Como o canto se separa da guerra,
Como o vento se separa dos mares,
Como o espelho se separa da terra,
Como o sonho se separa do dia,

Preparo minha poesia.

Como uma virgem, a casa se abre
desconhecida ao mundo claro e sem rumo...

Por um instante, as portas e janelas
tomam vida solta, em outro rumo,
abertas e vermelhas...

Mas da casa, o calor do mundo,
sem rumo e amarelo, se ressente;
se tranca prevenindo as tempestades e o pó...

Como uma virgem, a casa se fecha.

A sombra no espelho

De todas as visitas
Aguardadas na sala
Chegaste única —
Como se ali morasses.

O silêncio dos teus passos
Até meu lugar vazio
Ecoa ainda agora
Quando te lembro partir...

Assim que chegas,
Como vai meu coração?
Assim que partes,
Onde estou, nostalgia?

Poema das Três Marias

À maneira de um anônimo

A areia soprava bolhas de vidro
Que se nutriam dos carrilhões da noite;
Transtornando o sereno escuro
Pois multiplicaram a lua...

A fúria do céu que inspirava
Floriu do gelo fecundo,
A lua na água boiava
E no espelho perdeu-se o mundo...

Mas um poeta que ouvia
Os sinos da vida breve,
Guardou uma bolha nua
Em sua caixa de neve...

E sempre que a areia abria
Seus olhos tristes no mar
O poeta derretia —
Seu sonho de estrela lunar...

Revoada de pombas escuras.

Atrasada,
a pomba branca.

Como em certas canções

Bem-te-vi, bem-te-vi.
Te vi mas te perdi.
Bem que procuro
   Onde nunca te vi.

No céu caiado de tarde,
Na copa do flamboyant,
Bem-te-vi, galho em galho.

Bem-te-vi, bem-te-vi.
Te vi mas te perdi.

No meu canto encontrado,
No meu lábio partido,
   Assobio quebrado
   Pelo bem que te perdi.

Bem-te-vi, canto partido!
Bem que procuro onde nunca vi.

Cão preso.
À noite,
O Gato vem observá-lO.

Para O Cão talvez,
Seria melhor que se calasse.

Mas meu Espírito
Tem algo de Cão
E Gato.

Dois gatos pretos
Se cruzam no caminho.

Um era a morte,
Outro, a sorte.

Os dois gatos pretos
Que se viram

Assustados
Quebraram o espelho

Sete anos de azar
Sete vidas que vão

Os dois gatos pretos
Onde andarão?

...

Falta um dia
para o fim do mês.

E me lembro de dizer
a meu pai:
sinto uma tristeza
infinita.

Para Joana,
como uma canção

Longe, longo alto de nuvens,
além dos ramos de flamboyants,
a lua adernada um pedaço,
no profundo do céu que desconheço.
Alguma estrela, encantada no último confim,
abre-se rio entre as fomes do universo
em estranho descanso;

O jasmim por onde passamos,
a areia entre as pedras e os lírios mortos,
os jardins ressurgindo sob as lâmpadas de mercúrio,
nossos pescoços beijados talvez...

E algo que renasce além da tristeza da mulher
— visitado pela noite, comovida.

Para uma menina cega,
como uma seguiriya

A Ti, lua minguante,
Um rastro de cheia,
Pouco importam —
Estrelas que não podes contar.

Tua primavera em flora interna;
Como externa seria?

E são mais que tuas as cores
Quando se fecham: são delas,
Abrindo-se ao amplo do céu aprendido
Em cada sombra de outra;

Pois que o escuro — o céu de agora —
É onde guardas tuas mãos.

E apalpaste o infindo e o reconheceste
Vazio e com tua força,
Insinuada no mecanismo
De pálpebras que se fecham.

Só Tu sabes:
Como aquilo guardado se mostra.

E imaginas, no teu jardim do quarto,
Todo o universo como um céu de ontem,
Repetido sem dor e sempre —
Sempre como a cor se esquece e brilha.

Jogral

Onde estava a minha infância?
— Quando eu era pequeno.

Onde estava esse silêncio?
— Quando eu assim pensava.

Onde estava aquela noite?
— Quando eu adormecia.

Onde estava a minha sombra?
— Quando aquela luz deitava.

E a morte então, passava?
— Ora, ora, verso vão.

Uma porta range entreaberta
— É o vento que passa.
Uma porta aberta bate
— É o vento que fecha.
Uma porta —
 É o vento que fica.

Último poema

Para Rodrigo Barbosa, irmão

Bate a máquina,
sonha o homem,
o dia tarda
e a noite, a noite
passa...

AZUL ESCURO
[1993-2003]

Será entre nós,
Ó cavaleiro,
Ainda e muitas vezes lua cheia.

Segui-la cego,
Ó cavaleiro —
Segui-la sempre.

Sonâmbula

Foi esta angústia
Que vi, pela janela, passar na rua.
Esvaziada do céu, da tarde
Onde o pássaro a incomodava.

Não tinha onde ir
Mas esquecida de acordar —
Ó pássaro —
Estiolou-se no frio, azul
de inverno.

Quando te deixei
E era eu quem não chorava,
Tu quebraste a flor
Que eu te deixava.

À noite, até à madrugada,
A dor, do aroma, respirei,
Daquela flor quebrada.

Tua paixão aflita
Com o frescor de tais pétalas.

Canção de maio

A noite alta ia
por seus arcos envergados.

Eu atiro setas verdes,
Lírios d'água pelo chão.

O coração atingido
Manchava seu manto escuro.

Fuga

Todos os dias
andei por teus pés.
Senti correr em tuas pernas,
Subir, do sonho em teus braços.

Buscando, se meu encalço
Corria com teu peso,
Escapar — se levo meus rastros
contigo.

Mas o teu corpo
expõe sua sombra vertical
sobre minha fuga.

Tranquilidade

Quando subo os degraus da escada,
Desvio-me das manchas da lua.

Bom é ter no escuro uma vela,
Deitar depois de apagá-la.

E ver da outra janela,
Sobre a cama,
A lua qual a mesma dos degraus.

Adormeço pensando:
Também a lua procura o céu.

Penoso é por vezes
Levar os braços nos braços.
Coragem que não remove
A sombra de seu lugar.

Vem, ave que tem
Nas asas a coragem.
Ter por vezes a pena
De não voar.

Me assusta
Como ando entre os espinhos
Com dedicação.

Agora vejo
Que visto há dois dias
A camisa que você abraçou.

Parece que quero
Entrar no mar e não sair,
Mas isto é um desejo todo seu.

Muitas desculpas, eram tuas mãos
O céu se compreendia
entre meu e teu. O mar.

Dormíamos ouvindo o mar
pela janela sempre aberta
O céu no mar se debruçava

Insustentável firmamento

O sol se põe a teus pés
e o mar cristaliza
uma concha transparente.

Vestígio

No ritmo que tu me tratas
Parece pergunta
O corte do vento nos ouvidos.

No ritmo que tu me tratas
Antecipou-se a vertigem
De cada lado do abismo.

No ritmo que tu me tratas
Restará do amor,
Este vestígio?

Alarido dos cães

Há gotas —
A água dos ramos depois da chuva,
O vento derrama
Sobre o menino que vem desde a esquina
(De casa em casa)
Até a minha.

Ipês a fio
E rubras setembrinas.

Fuligem, sereno;
Pombas frias.

Não te aflijas,
Menino.
Pela mão nos levaremos.

Lírios,
Não os vejo,
Seis pétalas
E talos verdes.

Úmidos,
Ao meio-dia,
Livres como lampejos.

Aqueles;
Quase vermelhos,
São lírios
Por seus desejos.

Solidão

De barro se fez
a terra e a água
do jarro.

Com a mão direita,
ergo o jarro
sobre a mão esquerda.

Duas quadras populares

1

(Tristeza)

Embalado na doçura,
Que não dura seu indício,
Sacrifício, desventura,
Criatura só, de início.

Silêncio do que não vi,
A vida no seu avesso.
Por sorte, que não vivi,
A morte, que não esqueço.

2

Como tu não me seguiste,
Pela mão não te guiei;
Te dei minha alma triste,
Por meus olhos, não olhei.

Como eu então não sabia,
Vi que eram verdes os teus;
Vi que era eu que não via
Por onde iam os meus.

Para Key Sawao

A borboleta
Sob a lua
Encontra sua sombra.

O claro e úmido
Das árvores mortas
Que deixaram sua sombra.

Como a cigarra
Deixa seu canto pelo ar
Até se perder na lua.

A lua
Como seu corpo seco
Responde a uma questão antiga.

Quadro

Para Enio Squeff

Seus olhos girando,
Duzentos domingos de outubro.

O semblante
Pesa de claridade;
Também, a lua invadindo.

Oculta-se ali vagueante;
Arranca o poente, ao céu,
Com lenço úmido.

(Vejo-o à sombra)
Um homem só andando à noite.

Azaleias

Azaleias queimam
  pelos dias frios.

Com o sol e o inverno,
  entre o chão e o muro,
    sua cor de mágoa.

Cena do campo

Para Carlos Pena Filho

Árvore que pende,
Que de tudo amadurece;
Distante ali, da última colina.

No alto do chão,
Onde se agarra,
Trançam cabelos, duas meninas.

Inclina-se o pensamento;
Ó terra finda,
No olhar distante.

Em ver, vê-se apenas,
Vergar dos galhos,
Vertigem.

Para o Willy Corrêa de Oliveira

O pássaro chinês
Deixou as mãos
Do artista: encantado,

Voou por oceanos
Esquecidos dos grous,
E, mais saudoso que cansado,

O aventureiro,
Pousou com espanto,
Entre o santo e o tinteiro;

Onde agora vigia,
Seu sábio coração
De madeira da China.

Poema para tranquilizar uma menina

Da serra vi o arco-íris,
Que chovia sobre a mata.
No ouvido o mar e o sol:
Aqui os manacás vermelhava,
Lá aquecia suas amendoeiras.

Vi Vênus, primavera,
Que anoitecia de estrelas,
No verde-azul, azul-cinzento.
Mais ao sul o sol ameno
Sombreava seus pés morenos.

Acordei com sol de inverno
Pelas frestas da janela.
E no céu que já secava,
Lá estava a lua, ilesa,
Como a gaivota bem cedo.

Orvalho deste mundo

Para Marcela, irmãzinha

Apesar de leve,
Cai, sobre o telhado,
Sobre a rua, quando passo.

Apesar da lua,
Frio que se apaga,
Entre as estrelas.

Enquanto sonha,
Marcela adormecida,
Um anjo, ainda,

Olha pela janela.
Zimbro que se desfaz,
De madrugada.

Solau

Tira de mim os teus olhos,
Deixa-me só e sem nada.
Sabe que só me desfolho
Feito flor desarvorada,
Que a estação não escolhe
E morre sob uma escada.

Leva bem longe o teu talhe
De palmeira recatada.
Basta-me a luz sem entalhe
E a lucidez sem portada.
Embora atenta e não falhe,
Não quero a lua engastada.

Tira de mim os teus olhos
   Deixa-me só e sem nada.

Sem a cruz ainda sofre
   O peregrino à espada.

Para Roberta

Dentro daquela alta casa
Um pássaro furioso
Sobe-desce escadas sem-fim.

O que o faz assim —
Que ele não voe, talvez nem saiba —
É a lembrança de um céu muito pesado.

Dir-se-ia que suas asas
Conformam-se aos corrimãos desgastados,
Que seu peito arroga-se em degraus equidistantes;

E que seus olhos vão presos
Ao desejo de quem olha ao longe;
Àquela torre, ao vazio.

Seu bico de louça
Tem as curvas que aprisionam
Seu canto pelos labirintos.

À única janela, reverberam,
Como penas de um sonho escrito,
As últimas notas da ciranda:

Contudo estarei só em torno à torre.

Desejei a sombra de um navio
Atracado ao porto, uma vez,
Em algum dos sete mares que havia.

Pensei a espuma branca
Calar seu fervor contra o casco surdo;
A enorme corrente — uma âncora,
Tão funda que fincasse algures
Do outro lado do mundo

....
Que dele desejei somente sombra,
Perto de porto.
Sonhei a sereia esculpida em sua proa,
O que viram seus olhos.

Adeus, sereia, há quanto tempo.
Não há porto, nem vestígio de naufrágio.
Não há sombra sequer

Do meu navio.

A Blas de Otero

Contra a perda do amor,
Longo e finito junto ao chão jamais pisado,
Pois a cerca fechou-se antes de abrir-se a porta;

Contra a dor a se repetir
Com outros olhos, e nunca mais
Pronunciei seu nome em igual liberdade;

Ando pelas terras,
Sabendo levar no peito o coração
Aberto a qualquer falta;

Sei, como se diz o homem que se deita,
Que o sentimento de estar nascendo
É minha única mão incansável.

Canção terrível

Como as mãos à ferida,
 Levo a tua cruz.

Dentro da terra,
 Naufraga o sonho?

Ouço meus gritos,
 Preso a esta voz.

À noite sobre os telhados
A lua e um velho som de sopros
se apagando

O sol se aquieta
Caindo dentro dos galhos

Estrelas sobre as cabeças
Úmidas como maçãs,
Palavras ditas na estação:

A sombra que suja o barro
A água na forma da boca
Vermelhos, de trabalho

Segurando peixes nas mãos.

Alheios à gravura
do futuro,
imensa madrugada.

Margaridas e garis
Varrendo as ruas

Operário em construção

Mulheres grávidas
sujas como moedas
sob os viadutos

Apenas o tenso tempo
presente,
o passadiço;
a cidade
de concreto aparente.

À margem,
Onde não caem estrelas,
Conjuga-se o vergar das vigas mestras.

À margem,
Conspiram negras miragens,
Atentas como espelhos.

À margem estão
Os insones do século,
Febris pela ausência que se nota;

Tatuada no silêncio,
Presa às costas.

Há o trancado por dentro
Perdido onde não sabe o mundo
E o trancado por fora
Deixado de si pelo mundo e o mundo
Não sabe quem é se o encontra

À porta trancada, à luz apagada
À casa vazia, ali fora, decifro
O que nem é mistério.

O trancado por dentro tem
Já dentro o desencontro
Que o trancado por fora que sai
Nunca jamais encontra

Para Eduardo Verderame

Outro dia sonhei com uma caixa
Vazia
Sextavada por dentro
Como para conter um diamante

Mas não havia nada dentro
Por fora era decorada com desenhos
Motivos festivos

Mas estava vazia
E por dentro era sextavada
Como para conter um diamante

Lendo Supervielle

O que quer o coração?
Este claudica, aquele é outro
Nenhum atinge a perfeição
E a si mesmo conhece

Aqui sob a lâmpada das ruas
Ainda também sob o luar — úmido de árvores
Implora mas é mudo

Eis o que fazer: entrega o coração aos outros
Sem ostentação; dominá-lo
Contraria seu ritmo

Sineta noturna

1

Nunca se pergunte
Como é que um homem desse
Olha no espelho
Deita a cabeça no travesseiro

2

Com uma ideia fixa
Atravessa-se a noite
Encontra-se a chave do bolso
É possível trancar-se para sempre

Amanhã saberei a doce umidade da fruta,
À sombra das árvores que cercam,
Na mais bela curva,
A doçura maior da vida inteira.

Com guizos de primavera saberei
A luz doce e indefesa,
Ao invés de mortiça.
O peso das lágrimas, das estrelas,
E o coração vazado por um rio.

Do sargaço sairá o pássaro
Que zingra todo claustro,
Porém não poderei me esquecer
Jamais

....

Das pérolas de sal,
Das âncoras soltas por dentro,
De quando o sol não era mais que um sino
                                                   [prisioneiro,
De quando não havia caminho algum
Sob as nuvens da noite.

Em uma exposição de fotos de Sit Kong Sang

Nós que nascemos ontem,
        No quarto dia do sexto mês,
Do segundo ano do novo milênio,
            Na era cristã, neste lado do mundo,
Após o trabalho, viemos apreciar
                Os muitos nomes da luz.

Sente-se a distância em cada um:
      Beijing,
    Tsingdao,
          Wuhan,
              Pamir.

No cigarro depois do almoço,
        No rosto da menina *uighur*,
            No traço de um cartaz em Kashgar,
            Na pedra escrita em Guilin.

Contudo é possível voltar à China:
      De bicicleta,
           ouvir palavras de dez mil anos,
E subindo o Himalaia
         chegar a Shangri-lá.

Em silêncio vejamos os presentes:
O vendedor cazaque
                os pescadores do rio Li.

Sente-se que a luz
    Não precisa da aprovação dos homens,
        E quase chega a envergonhar-se
                de seu brilho.

VIAGEM A CUBA
[1999]

i

Recolher folhas de eucalipto
    é uma tarefa agradável:
        Escolhem-se as mais verdes
            limpas sem ferrugem
            nem muito jovens
            nem amarelecidas

Aquele domingo de janeiro
cheguei com os brigadistas
por volta das nove
àquela finca de plantas medicinais

Um grupo de operários
Com um trator e uma escavadeira
Trabalhava na construção de uma ponte
e um aqueduto para irrigação
Outros ali eram voluntários
Cubanos

Conversou conosco um negro muito forte
barbado muito negro
ele Pablo

e seu amigo Ariel mais jovem
e ainda mais forte
arrancavam as folhas delicadas
com destreza e mantinham a conversa
em ritmo de claves:

ii

Pablo contava que seu sobrenome
era o da família proprietária
de sua avó escrava
que ainda vivia

Eu fumava um puro *pinareño*
O que fazia a alegria de todos
por onde eu passava
      Orgulho da província:
      mil e quinhentos toques de mãos humanas
      desde que *lo sembramos hasta que tú lo fumas*
No outro dia prometi dar um a Ariel

No dia seguinte
Depois do trabalho
(Colhemos camomila o que perfumava os dedos e
Tatiana com rabo de cavalo agachada entre aquelas
flores brancas e amarelas
manzanilla)
Pablo o engenheiro e os operários
descansamos à sombra das ervas secas no galpão

iii

Dei um puro a Ariel
e Pablo tomou um gole de *guayabita*
Bebida de Pinar del Río
Um tipo de araçá no fundo de uma garrafa de
                                                    [cachaça
"Llamamos matar el ratón
Cuando tomamos el primero trago del dia, después..."
Matamos e Lucio comentou
Que aquele dia 25 de janeiro
Era o aniversário de nossa cidade
E Pablo surpreso se lembrou: *"Hombre... hoy es mi*
                                                    [*cumpleaños..."*
San Pablo — *los esclavos y los cristianos.*

Ricardo
(de Águas Claras, Pinar del Río, Cuba)

i

Quando íamos pela manhã ao campo
Parávamos para um café preto
Na casa de uma senhora que falava muito e usava
                    [botas de borracha
Ela vivia ali com a filha e seu netinho de colo
(E quando Vicente perguntou do rapaz
Ela disse que era melhor assim:
Só os três)

(Do café *criollo* bebe-se só o bastante para tingir os
                    [dentes)
E todos conversávamos como se estivéssemos
Interrompendo uma tristeza que continuava
Depois que saíamos

ii

Um dia
Na varanda da casa de madeira
Tatiana depois do café ficou conversando
Com um menino que aparecera
Pequeno, magrinho, com um furo na camisa
e olhos claros e inteligentes
Ela prometeu e eu também que lhe traríamos
no dia seguinte uma camisa

O tempo passou no campo
E quando voltávamos cansados pela estrada
O menino veio correndo até nós
E deu a ela uma flor e um charuto para mim

Orlando

A Orlando daria um abraço
E os cigarros que me deu
Devolveria
Perguntaria *como están las cosas, Orlando*
Ele me diria *todo vá bien*
Dirigindo seu ônibus me olhava
Detrás de seus óculos escuros
A fumar sentado na escada com os pés no primeiro
[degrau

Olhos claros e pele *trigueña*
de árabe
Bigode mais escuro e cabelos grisalhos
— Convido-o a um trago
depois, no cabaré.

Orlando, una chispa!
Orlando, tiene una fosforera?
Orlando, toma un trago.
— Muito sério, tirou os óculos
e me disse de frente: *Tú no debías*
dar nada a ellos. Él está en la calle porque quiere.
Su papá lo manda. Hoy es día de clases.
Hay pocos de esos vagos en Cuba. No hay que estimularlos.

Defensa

i

Ali fui a uma festa em uma casa comunitária
Num bairro afastado de uma pequena cidade do
[campo
Onde me esperavam havia uma hora
Onde um velho soldado me disse que eram seis
[milhões
de pessoas com acesso
a pelo menos um fuzil
Onde uma senhora negra e silenciosa pediu a palavra
e disse que preferiam
virar pó a se submeterem
Onde um médico com sua bolsa debaixo do braço
explicava as metas
do plano nacional

ii

Ali jovens poetas vieram dizer seus versos
      na Casa da Poesia
Ali um camponês improvisava com sua voz e cara
                                        [de galo
versos sobre o que lhe pedissem
com sua faca na cintura e seus óculos escuros

iii

Encontrei ali uma velhinha que tomava conta de
                                        [bicicletas
Em frente a um hospital de médicos negros e
                                  [enfermeiras que sorriam
Onde se lia: que a dureza desses tempos
Não endureça nossos corações, Che.
Ali as crianças são calmas
Os pioneiros acompanham os companheiros
No caminho de casa campo afora
E ouvi um que cantava décimas debaixo de uma
                                          [árvore
Acompanhado de seu pai que fazia uma pausa na
                                        [lavoura
      com seu *tres*.

Para Ricardo Iazzetta

i

Caridad vive em Viñales
Numa casa cheia de árvores
Seu quintal tem todas as frutas do Caribe
Mamei, toronja, *chirimoya*, *níspero*, fruta-bomba

Mamei é um tipo de sapoti
Consistência de *papaya* só que cor-de-rosa
e um gosto cor-de-rosa com aquele frescor de
                                                    [mamão

Ela me deu um espinho de uma árvore altíssima
brotavam do tronco
Que me daria proteção de *la santería*,
Que los negros utilizan los vegetales, ellos...

Ela é uma negra com mais de oitenta anos
Descendente de escravos e chineses
Sua casa é visitada por gente de todo o mundo
Que simpatiza com seu carinho e sabedoria
Que deixam seus recados nas paredes das varandas

ii

Seu pomar é antiga herança de seus avós
Ali vive com a irmã e o cunhado
Que tocava gaita de boca com seu chapéu de folhas
                                      [secas trançadas
E não falava: *La vie en rose, As time goes by, Chica de*
                                              [*Ipanema*...

Disse Caridad que gosta de novelas brasileiras
Porque são mais picantes que as colombianas
Sua casa é um templo cheio de penduricalhos:
caroços amarrados em fitas
Maços de cigarros enfileirados
Fotos de jornais e revistas o papa em Cuba   Roberto
                                           [Carlos y Fidel
Seu sorriso de mulher única e simples encabulada e
                                                  [senhora
Seu cabelo preso com um lenço
Ela me deu três cigarros que os meus acabaram

Há uma pureza que se perde
Na transcrição das frases.

Uma pureza que está na memória
Livre dos gestos livres;

Mas não ali quando os repetimos.
Algo entendido para sempre.

Que procuro manter em silêncio
E retirar só em caso de urgência.

XXX
[2003]

Para Toos

No sótão da Catarina
No jardim, sapos e gatos no muro de Madeira
No céu os aviões parecem felizes
E escrevem com fumaça
— da cor da taioba rubro e dourado
começando verde-claro
e a tira azul da claraboia
coberta com feltro

No sótão da Catarina
O colchão de penas de ganso de seus pais
Ajudando a nadar pessoas que não andam sozinhas
Conversando em português com prisioneiros
Servindo o suco e a torta de maçã
Gerânios azaleias rosas
E a mais bela bailarina
Cortando o cabelo no jardim.

O homem de bigode vermelho
A loira de bicicleta que se virou e sorriu
O livreiro que disse para sentir
A velha com o pandeiro: Aleluia!
Os inúmeros turistas do Japão
As crianças nos museus
As prostitutas negras nas vitrines
Os biscoitos de canela
Os pássaros: cisnes, cegonhas, corvos, gralhas, grous
Os cafés escuros, a cerveja impregnada
As bicicletas antigas
As longas barbas brancas e os olhos azuis
A luz de longe e a lua partida no meio exato
O azul da meia-noite
Quantas pontes
As janelas fechadas

Zeeburgerdijk

Minha rua se estende
Sob o arco do sol.
De manhã vou ao centro,
Leve o sol em minhas costas;
À noite vou atrás dele,
Contra o sol além do rio.

Passei por nosso ponto de encontro
E você não estava
Tomei café em sua escola
E disseram que você tinha acabado de sair
— Pensei em muitas coisas —
Principalmente
Que você é a única pessoa neste continente
Que eu precisava encontrar

Na cozinha tilintam
O relógio e a torneira
No jardim
As árvores ao vento
Balançam suas cabeças

Na cozinha um raio de sol
Sempre me encontra à tarde
À mesa de madeira inclino
A cabeça e olho para ele

Egmond aan Zee

Um cavalo no cercado — a mulher feliz
Dunas, caminhos de areia
As hortas: taioba
           feijão,
alface,
                 rabanetes e morangos
                 na areia fria e úmida

A colheita do morango — a cada três dias —
Uma gaivota contra o vento — o poema
— Um metro por ano leva o mar
— Henk carrega para dentro da cabana
as caixas com bulbos de tulipas e jacintos
ambarinos e azuis

Em Egmond aan Zee, as ruínas do castelo
cercadas de água
O vento e o mar

Diário

Demora conhecer as ruas de Amsterdam
Rondando por quatro canais
Resta ainda um sem-número de travessas
Por todo o semicírculo que fazem
Em torno da praça

Ziguezagueei de manhã cedo
Esperando um velho livreiro abrir
Bebi o delicioso café javanês
Ouvi as ofertas, olhei bicicletas antigas
Esquecidas, aleijadas
Muitas são encontradas mergulhadas nos canais

Montanhas no mar

No caminho um velho pescador
De barba amarela
E tatuagens azuis no antebraço
Mostrou a trilha:
Sempre este caminho, com mais areia,
Pela esquerda, no alto da
Última colina, você verá
O cavalo e o campo lá embaixo

*

Um pato no pneu
Ninho no canal

Quo Vadis, era o nome do barco

11 + 1 POEMAS
[2013]

Mundo

A noite na varanda,
a lua cheia é uma lâmpada
e move as águas do sonho

Uma cisterna de raízes longas
onde se nutrem as estrelas
e o ouro velho das romãs

Cálida sobre a telha
fresca e limpa da chuva
o coração é uma fruta que madruga

Cada estrela,
um desejo que dispara
a maravilha de sua clausura

Clínicas

Ela está em pânico
No ponto
Nos primeiros dias do verão

As flores do cemitério
Dão-lhe vertigem

Em sua blusa de seda
Os seios pulsam
Trovões no horizonte

O trânsito disfarça
Uma lágrima quentíssima
No sal dos seus olhos

Minha lâmpada maruja,
Mourisca, de escamas de luz,
Meu quarto vazio marulha.

Faz pousar no parapeito
A gaivota obscura;

Minha lâmpada maruja,
Mourisca, de escamas de luz.

Atrai para o tapete
A sereia branca.

Prestes Maia 1945
(folhas de álbum)

Para Francisco Barbosa de Souza,
in memoriam

As casas avançam para a rua
As ruas fogem
Um carro vem lá do fundo da fotografia
Na estrada de terra para o Cupecê

O clube dos meninos operários nos lagos de Santo
[Amaro

Uma sombra de sapucaia ou jataí
Mármore granito macadame

Mosaico da antiga praça do Patriarca
Os cavalos do friso do Itororó

A plataforma espacial do *bond*
Caipirada fascista tupinambá decô

Uma única vitória,
sem glória,
Uma única certeza,
sem beleza:

Já não estou do meu lado.

Sorri insone a musa de luto.

Capital da dor

Agradeço
Obrigado
Por esta pequena solidão
Esta noite
Musa-chuva
Quarto de solteiro
Sonho-oração

Raio a raio
a estrela que havia
sumiu

Esta fica
aqui oculta

Quis dormir profundamente
Sem que sequer me tocasse
A suspeita de algum perigo

Quis dormir olhando o torso
Da palmeira tranquila
Gato que arranha enquanto sonha

Ouvir a chuva na varanda
Quis dormir a dor que não consigo
A cicatriz vem comigo

A noite entre paredes brancas,
Seus olhos lisos como espelhos negros.

Não há vento.
E o homem acorda por pensar no vento.

Antes da fonte,
O diamante.

Afrouxei as cordas do meu violão
Que há muito tempo eu não trocava
Dedilhei no azinhavre
Uma velha mágoa

E o fósforo preso
Que servia como traste
Agradeceu a gentileza
Em nome de cada casa de seu braço

O carinho das falanges oxidadas
Lembrança do zinco dos botequins
No aço das três mais graves

Meu ouvido andou tão abalado
De tudo quanto a vida surda me deu
Que não havia som nenhum que lhe agradasse
Então vivia só ouvindo os seus gritos

Era uma concha cheia de uma água suja
Agitada pelo ritmo da marcha-torpe
Das máquinas,
O meu cansaço.

Era o mundo todo raso feito poça
E a solidão um poço torto
Um labirinto

Só o medo do desequilíbrio.
Ecos, torres, túneis, espelhos.
Estes selos de naufrágios.

o quanto mais que muito me contenta,
não posso ou sei se cabe num soneto.
o amor não é coisa que se inventa
nem de que se dispa como um xale
preto.

é muito raro haver quem opte
em juízo perfeito pelo luto;
alguém que de súbito moto-próprio
prefira descer e puxar a charrete.

calculo a distância da noiva à viúva,
da flor de laranjeira ao cravo roxo;
à lápide, desde o leito de núpcias.

da boda à marmórea sepultura,
quanto dura o ardor nesta lembrança?
mas não é que eu faça muita conta.

ESTA OBRA FOI COMPOSTA POR ACOMTE
EM MERIDIEN E IMPRESSA PELA GRÁFICA BARTIRA EM OFSETE
SOBRE PAPEL PÓLEN BOLD DA SUZANO PAPEL E CELULOSE
PARA A EDITORA SCHWARCZ EM MARÇO DE 2013